Pp

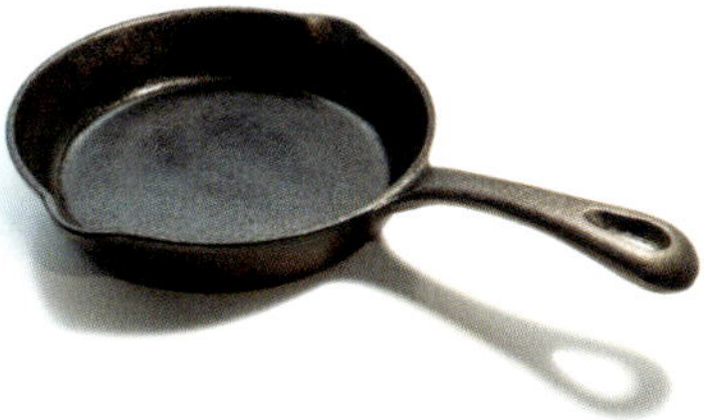

Ransom

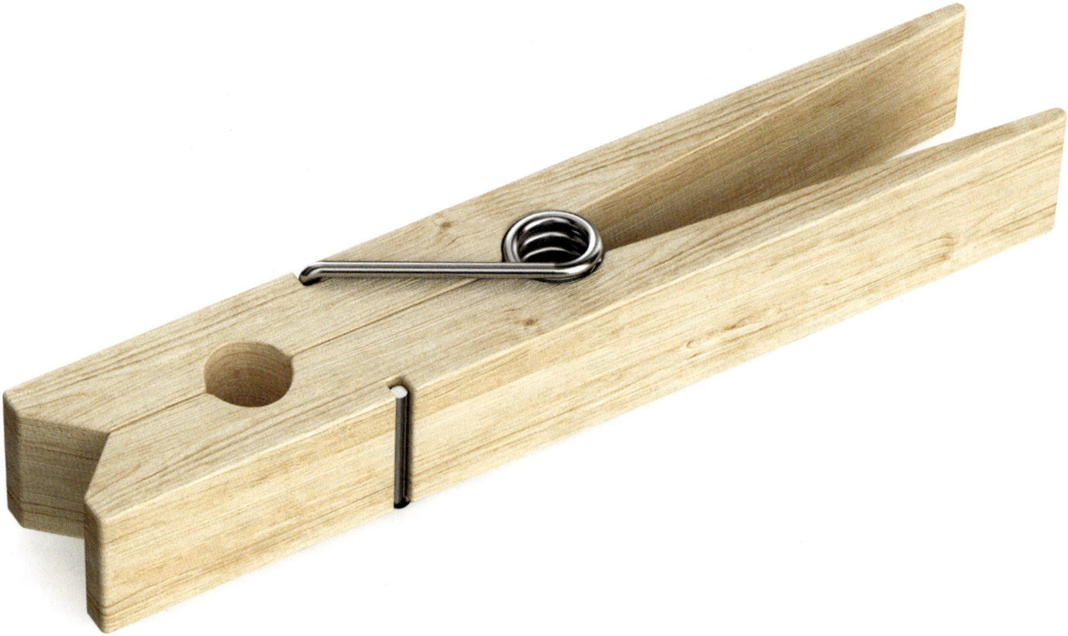

peg

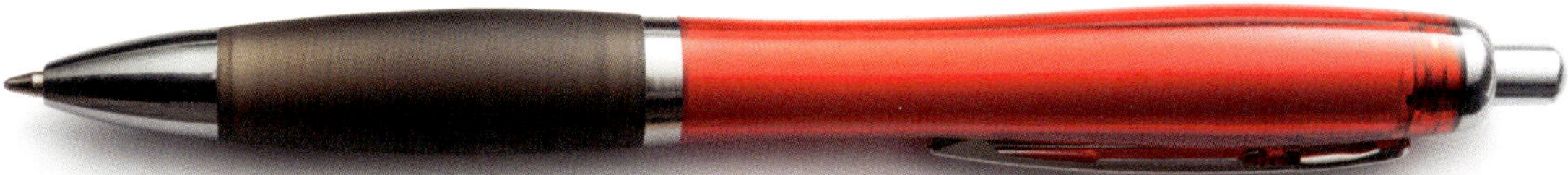

pen

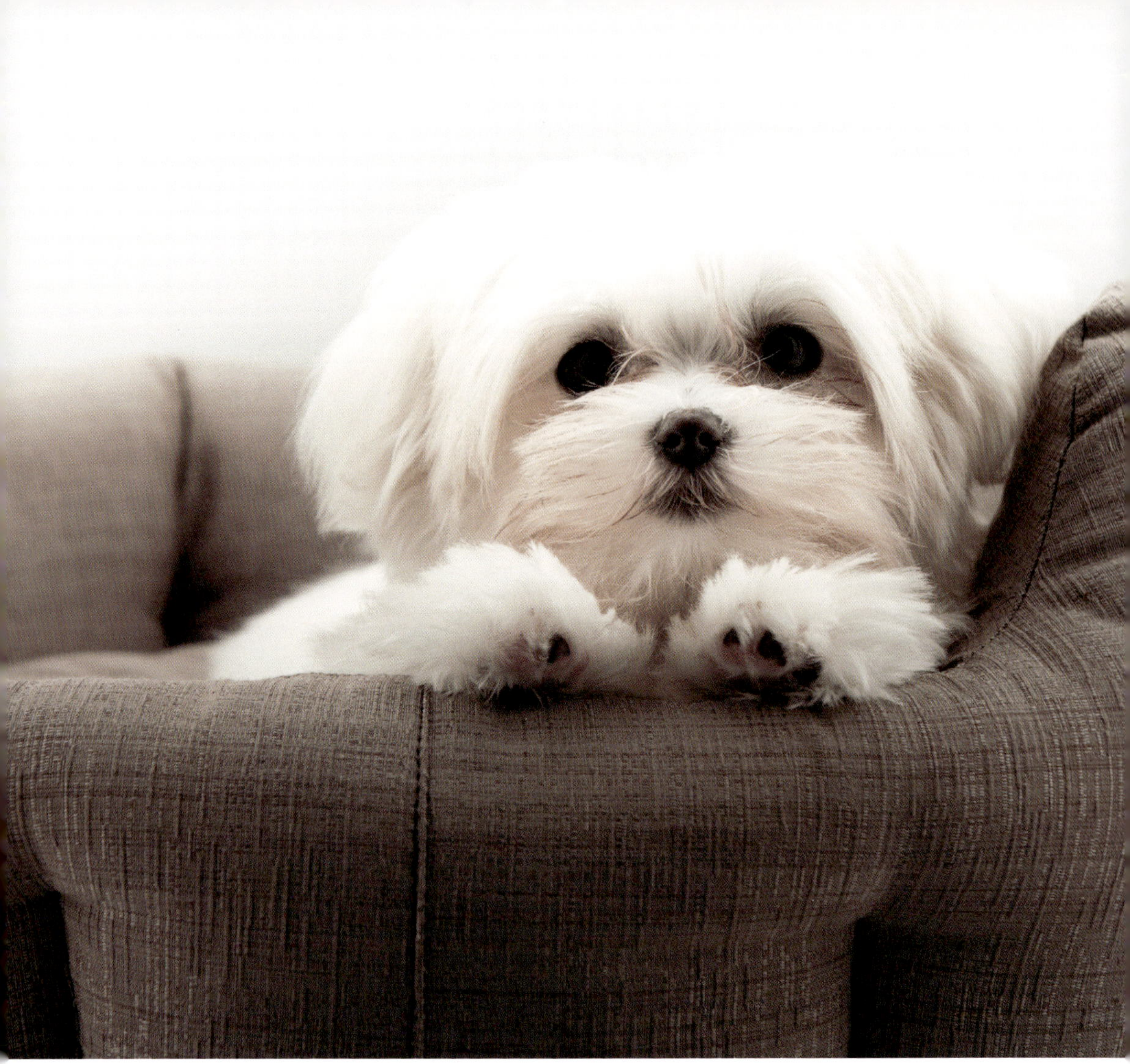

pet

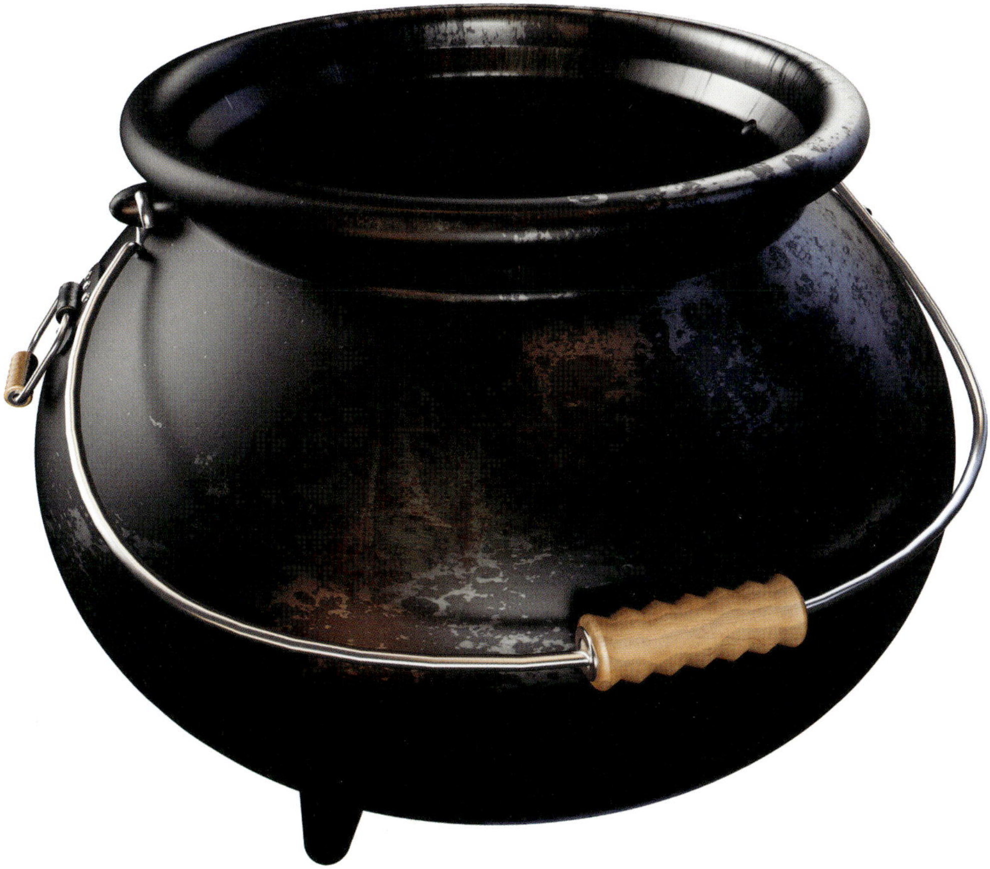

pot

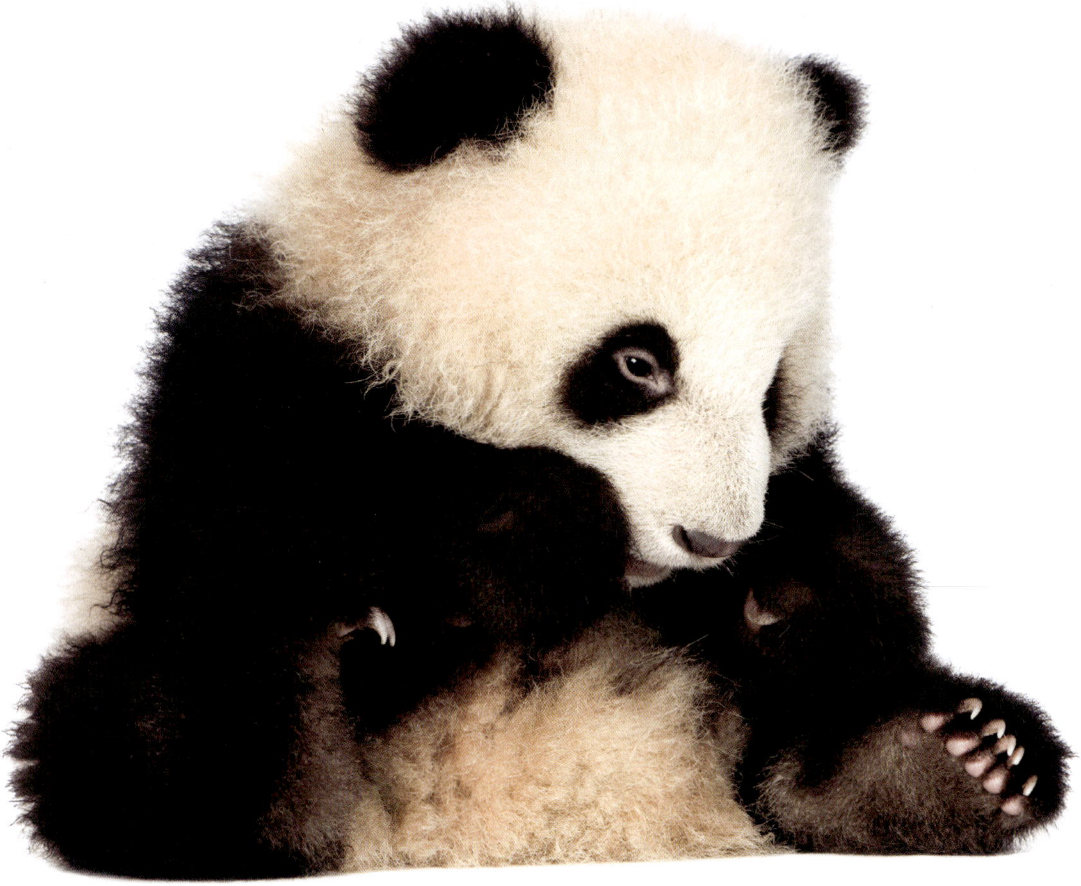

panda

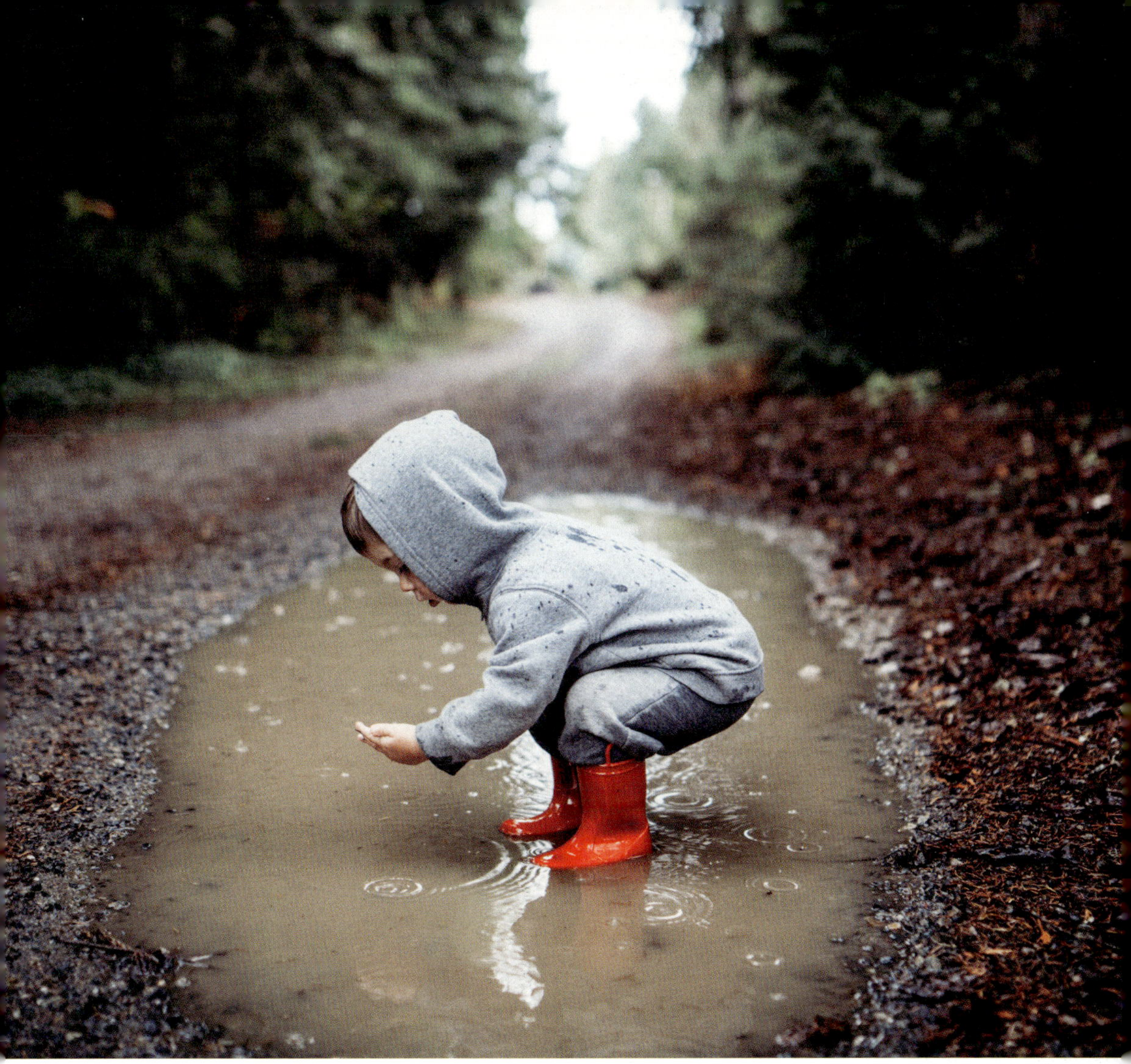

puddle

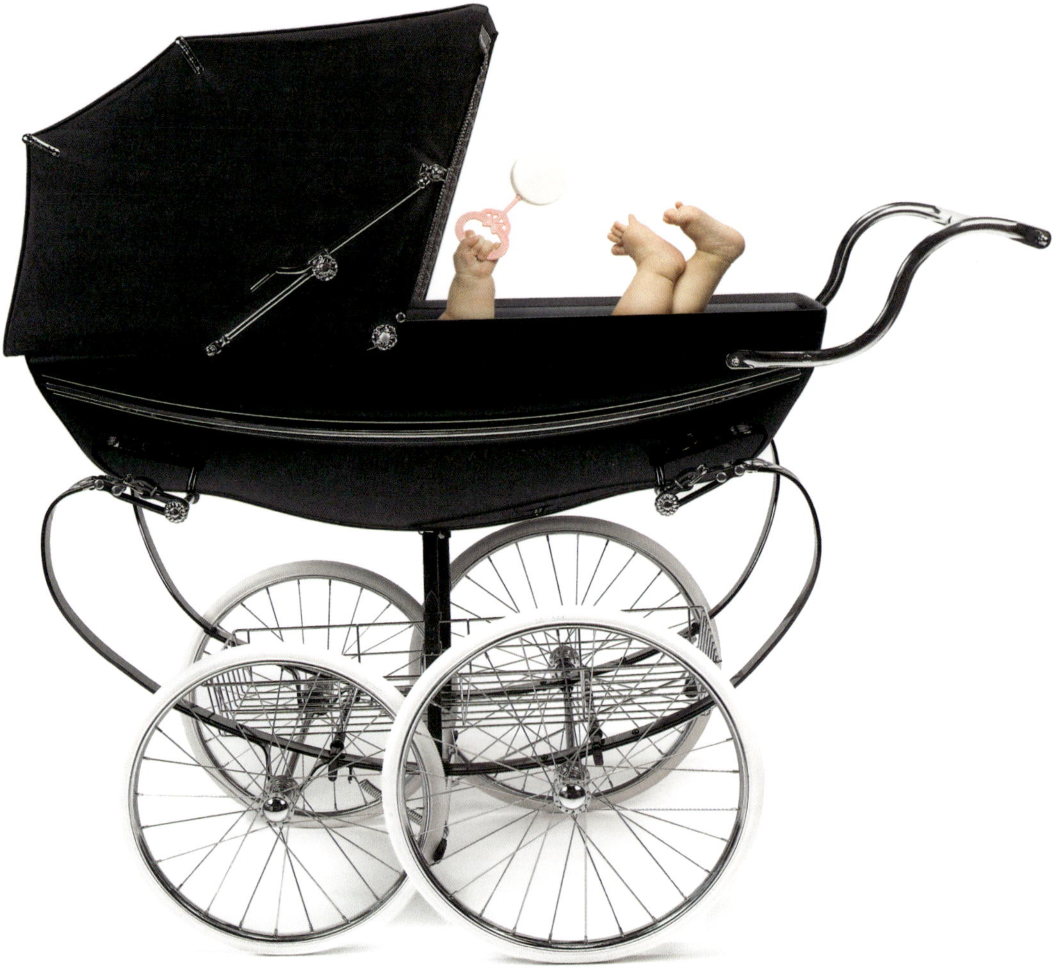

pram

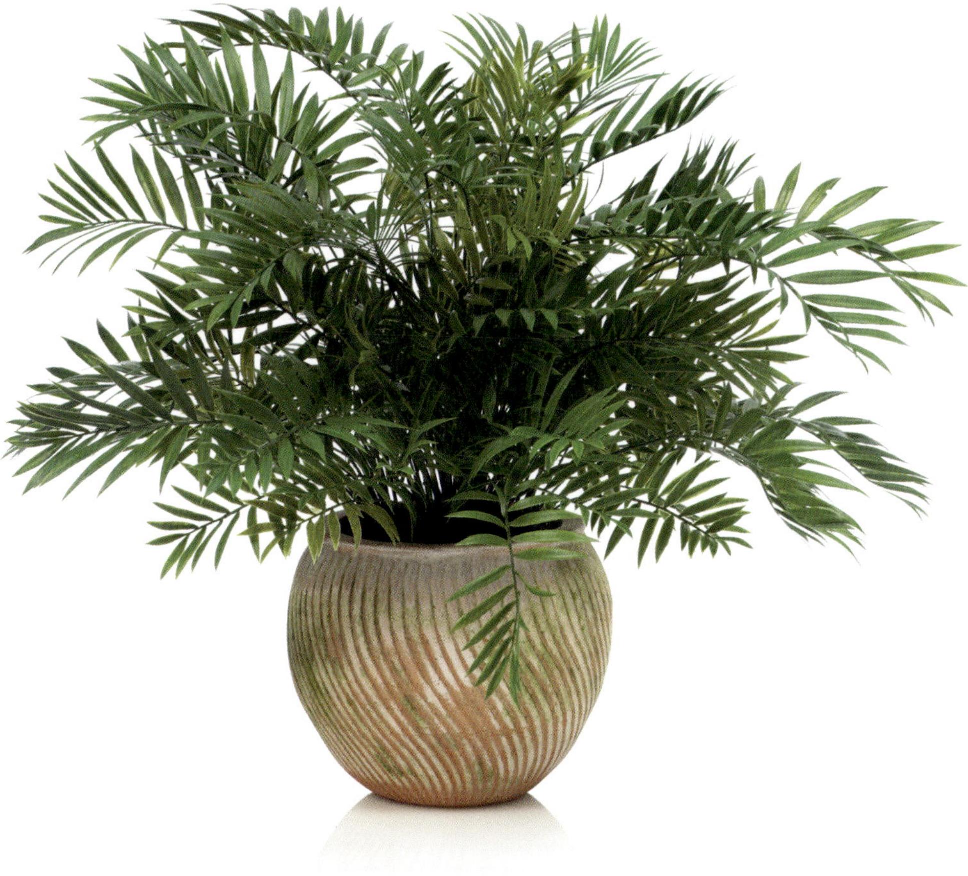

plant

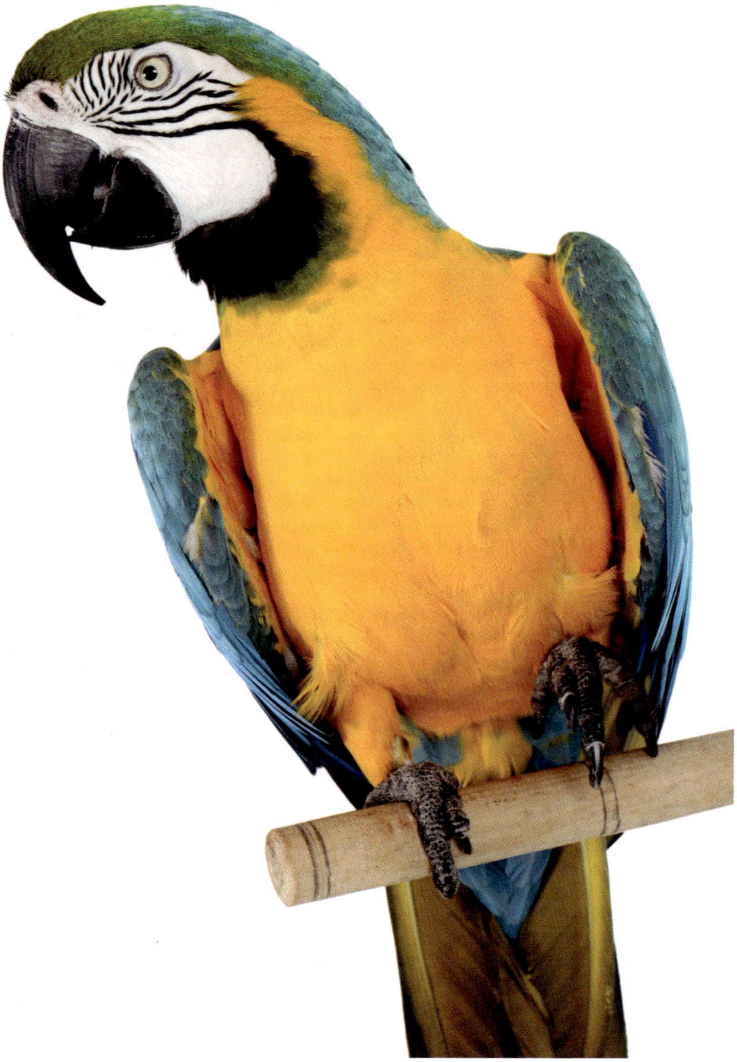

p p p p

p p p p

Pp

peg

pen

pet

pot

panda

puddle

pram

plant